Yr Awen Drwy'r Storïau

Cerddi'n Seiliedig ar Chwedlau

Golygwyd gan Mari George

Darluniwyd gan Martin Crampin

Cyhoeddiadau
barddas

Argraffiad cyntaf: 2020
ISBN: 978-1-91158-433-9

Cyhoeddwyd gan Gyhoeddiadau Barddas.
www.barddas.cymru

Cyhoeddir gyda chymorth ariannol Cyngor Llyfrau Cymru

Dyluniwyd gan Tanwen Haf
Argraffwyd gan Y Lolfa

Cynnwys

Rhagair

Cyfriniol a syfrdanol yw chwedlau Cymru i mi. Rhyfeddais ers pan oeddwn i'n ferch fach at straeon hudolus y Mabinogi a'u portread o fenywod. Ni fyddwn byth, chwaith, yn blino ar stori drychinebus Cantre'r Gwaelod a bûm yn gwrando am y clychau'n canu bob tro y byddwn ar unrhyw draeth ar arfordir gorllewinol y wlad. Roeddwn, wrth gasglu cerddi ynghyd ar gyfer y gyfrol hon, yn awyddus i weld sut y mae'r chwedlau adnabyddus a'r rhai llai adnabyddus wedi bod yn ysbrydoliaeth, neu o leiaf yn gefndir, i nifer o'n beirdd. Mae'r cerddi a ddewiswyd yn amrywio o'r enwog 'Draw dros y don ...' gan T. Gwynn Jones i gerddi newydd sbon fel 'Taith dros y Preselau' gan Idris Reynolds, sy'n seiliedig ar chwedl Pwyll Pendefig Dyfed, a cherdd wych Anwen Pierce sy'n cyflwyno chwedl Gwrach Cors Fochno i ni. Ni allwn beidio â chynnwys hefyd ddwy gân sy'n rhan o fy magwraeth, sef 'Y Nos yng Nghaer Arianrhod' ac 'Y Dref Wen'. Mae eu symlrwydd hyfryd a hiraethus yn sicrhau eu bod yn haeddu eu lle yn y flodeugerdd hon.

Gobeithio y gwnewch chi fwynhau'r detholiad ac y bydd hi'n gyfrol y gallwch droi ati dro ar ôl tro.

Mari George

Yntau, Gwydion, oedd
y chwedleuwr gorau yn
y byd. A'r noson honno diddanodd
y llys ag ymddiddanion dymunol
a chwedlau hyd onid oedd yn hoff
gan bawb o'r llys ac yn ddifyr gan
Bryderi ymddiddan ag ef.

Math fab Mathonwy

Chwedl

O'r dwfn y ceir ei defnydd, – o riniog
    Yr Annwn tragywydd,
  A rhyw Wydion aflonydd
  Yn ei dweud nes sobri'r dydd.

Tîm Glannau Llyfni

Mabinogi

Pwy agorodd y drws
a wynebai ar Aber Henfelen
yng nghynhaeaf y mefus a'r rhosynnau
wedi'r blynyddoedd mêl?

Pan oedd yr ŷd yn aeddfed i'r medi
a'r tywysennau'n drymion gan haul a gwlith,
pwy ollyngodd y llygod i'r gwenith?

Yno, yn nyddiau'r banadl a'r erwain
a'r ymddiddanion gwirion ym mhersawr yr hwyr,
pwy a gynlluniodd y gromglwyd uwch y gerwyn?

A phwy, yn oriau'r addewid,
oedd y sgrech yn y nos?
Pwy bioedd y grafanc fawr drwy ffenestr y tŷ?

Gwyliwch!
Y mae eraill yng Ngwales heno,
ac y mae adar Rhiannon yn canu eto
uwch y ffrwythau a'r gwin,
cyn dyfod yr eryrod pryfetog i bigo'r llawenydd o'r llygaid,
a'r bleiddiaist flynyddoedd i ysu'r angerdd a'r nwyd.
Edrychwch arnynt heno.
Wynned eu byd,
y rhyfelwyr diniwed yng Ngwales.

Gwynn ap Gwilym

Drysau

(detholiad)

Ym mhen draw
distaw hen dai,
y tu ôl
i lenni tew,

yn wich
ar fachyn o wae,
yn glep
drwy lefain y glaw,

mae'r drws
na all Cymro droi
oddi wrtho
tra bydd-o byw ...

***

Be' wedyn yw'n bywydau
ni i gyd, cyn i'r llenni gau
ar wlad fel hen sampler les,
ar bafin yn nhin hanes?
Rhannu balŵns bach duon,
a 'hers Gymraeg ydi hon'.
Wrth gael gwadd i angladd iaith
anghofio'r cwd anghyfiaith,
a'r gân ddewr, ac un neu ddau
anniddig mewn neuaddau,
a'r drws; y drws ym mhen draw
dwyster yr hen dai distaw;
awn, was! Agorwn ni o!
Rhyddid fydd edrych drwyddo.
Ofn mynd i ddŵr dyfn y môr
yn hogyn yw ofn agor.

***

Agor i'r gwynt o gae'r gwair
a dail llus ar hyd y llawr,

neu i rasel o awel oer
dyna, ddyn, yw bod yn ddewr.

Dewr yw'r rhai fu'n driw drwy'u hoes,
dewrion yw adar y nos,

dewr yw'r sawl heb glust i'r Sais;
dewra' un sy'n agor drws.

Y drws ar hen felan draw
wedi mynd i'n gwaed y mae.

Ond yn gloch drwy diwn y glaw,
yn chwardd ar fachau o wae,

yn gwestiwn tra byddwn byw,
y mae drws y *dylem* droi

ei ddwrn; drws yr hyn a ddaw,
ym mhen draw distaw hen dai.

Twm Morys

11

'Gwed Stori'r Adar Majic!'

(o 'Breuddwyd')

'Adar Rhiannon rhoddwch dro heno ...'
    na – rhy fwrn yw fy nos i gofio'r stori
    am ddihuno'r meirw a huno'r byw
    ac nid adar hud sy'n trydar
    uwch gweilgi werdd fy nrysi ar anterth haf
    nac yn llwydni gaeaf hir fy ngwaeau

    heno
    yn y tir neb hwn cyn torri fy medd
    nid yw fy mreuddwyd berl gynteddog
    am ryw hen anghofus fôr yn ddim ond broc

Manon Rhys

Yna fe edrychodd ef ar liw'r
helgwn heb drafferthu i edrych
ar y carw. Ac o'r holl helgwn a
welsai yn y byd ni welsai gŵn
o'r un lliw â hwy. Dyma'r lliw a
oedd arnynt: claerwyn disglair
a'u clustiau'n gochion.

Pwyll Pendefig Dyfed

Cwm Cuch

Yma yn y gwaelodion,
lle na chaiff haul
ein gwarineb a'n gwyddoniaeth
oedi'n hir rhwng y dail,
mae sŵn tanio yn cario ar ddŵr
cysglyd yr afon Cuch:

mae'r helfa yn rhywle
uwch ein pennau,
a'r cŵn yn cythru eto,
yn llarpio llwynog
neu sgwarnog hirgoes
fu'n eu hel ar gyfeiliorn;

ac yn y cysgodion
mae'r meirch yn diogi,
yn chwipio chwain â'u cynffonnau,
a than ddŵr clir yr afon
mae'r brithyll yn cuddio,
ac amser ei hun yn oedi.

Mor hawdd fyddai troi'r gornel nesaf
a chanfod eich hun mewn gwlad arall,
brenin Annwn yn cadw'r dafarn
a Phwyll yn pysgota ger y bont –
ond yna daw sŵn gwn yn y pellter
i dorri'r haul – a daw pryder o'i waedu.

Iwan Llwyd

Taith dros y Preselau

Ar hewl nad oedd i'r rhelyw
un llinell wen yno'n llyw
na golau i ddatgelu
lled y daith rhwng llwyd a du,
ysbrydion o noson oedd,
dudew fel isfyd ydoedd.

Ond roedd gwlad anweladwy
yn y mwll – a llawer mwy
o dan orchudd yn cuddio
o sŵn y car sy'n y co',
a'r 'mwy' hwn yn chwarae mig
yn Nyfed y Pendefig.

Drwy sbectol yr heol hon
annelwig yw'r manylion
a dewrion a dihirod
hyd y daith yn mynd a dod;
herio'r niwl wnâi siwrne'r nos
a'r Mabinogi'n agos.

Idris Reynolds

Y Mabinogi

A'u hadlais yn lliw'r fanhadlen, – eu rhin
    mewn ôl troed meillionen,
  parhau mae eu hodlau hen
  yn ardd helaeth ar ddalen.

Annes Glynn

Y Cyfarwydd

Pwy oedd y storïwr rhwydd, y cyfarwydd a fu'n
   difyrru'i gynulleidfa wâr a'i dal â'i hudoliaeth,
yr un a ddeallai'r ddeuoliaeth ym modolaeth pob dyn,
   yr un a fu'n turio, yn treiddio at wraidd ein dynoliaeth?
A phwy a'u copïodd, y chwedlau a archwiliai'r ffin denau
   honno rhwng daioni a drygioni, rhwng y du a'r gwyn?
A ddeallodd y rhai a drôi'n gronicl y geiriau o'i enau
   neges ei Fabinogi, ystyr hud y storïau hyn?

Anadlodd fywyd i'w chwedlau trwy'i ddewiniaeth a'i ddawn;
   deallai bob gwendid a bai, deallai dwyll.
Rhithiodd ger ein bron Riannon, a gydiai yn rhawn
   ei march wrth fynd ymaith ar garlam rhag ei herlid gan Bwyll.
Deallai ofid y mamau a gyhuddid ar gam
   o ladd eu plant, fel y bu i Riannon ddioddef
trwy dwyll a chamwri'r chwe morwyn, a'i hamharchodd fel mam,
   a rhoi iddi hi sarhad nad oedd modd ei oddef.

Tosturiai wrth Franwen, y wraig ddolurus, ddolefus,
    dioddefwraig y briodas drasig, y briodas o drais;
y briodas sydd yn troi pob cartref yn uffern hunllefus;
    gwyddai, hyd lid, am drueni'r holl wragedd di-lais,
a pharodd i Franwen roi'i llais i'r aderyn drudwy,
    a'i yrru ymaith, ar ôl rhwymo ei neges brudd
ynghlwm wrth un o'i adenydd, i gyfeiriad Ardudwy,
    i erfyn ar ei brawd Bendigeidfran i'w gollwng yn rhydd.

Deallai hwn y gwahaniaeth rhwng bodolaeth pob dau:
    Efnisien a Nisien, drygioni a daioni dynion;
Efnisien, yr amharchwr meirch, o gael ei sarhau,
    yn suddo'i fysedd i mewn i ymennydd gelynion,
ac â'i gariad at ei chwaer yn ei chwerwi, yn hyrddio Gwern
    i'r tân i gosbi Branwen am gyflawni'r brad,
fel pe na bai dyrnod anghelfydd rhyw gigydd ar gern
    beunydd yn ddigon o benyd am y sarhad.

Hithau, Flodeuwedd, a genhedlwyd gan hudlath Gwydion,
    a hudlath Math, i'w chymathu i fod yn wraig
i'r bachgen Lleu, ei anrhegu â gwraig ei freuddwydion,
    yr un firain, farwol a'i chalon mor greulon â'r graig;
fe'i deallai hithau, yr un â'i chyfaredd yn fedd;
    y Flodeuwedd honno a gofleidiai ddynion hyd angau,
â'i bysedd i'w hewinedd yn wain, a phob ewin yn gledd,
    nes troi rhyfeddod y blodau yn blu a chrafangau.

Hwn â'i holl hud a'i holl ledrith oedd athrylith yr hil;
    hwn, na adawodd ei enw, dim ond ei ddewiniaeth.
Dychmygodd dair merch, ac esgorodd ar genedl yn sgil
    rhoi inni'r Franwen a wahanodd y ddwy frenhiniaeth,
a rhoi inni hefyd y Flodeuwedd ddisylwedd, ddi-serch,
    a Phryderi a'i fam, Rhiannon, ar gof ar femrynau;
a boed clod i'r mynachod am warchod chwedlau'r tair merch
    nes peri i'r pair ein dadeni heb fudandod o'i gynnau.

Alan Llwyd

Hwyliodd Bendigeidfran a'r llu a ddywedasom ni tuag Iwerddon ac nid oedd y weilgi yn fawr y pryd hwnnw; gan gerdded yr aeth ef. Nid oedd ond dwy afon, Lli ac Archan y'u gelwid. Ac wedi hynny y cynyddodd y weilgi pan oresgynnodd y weilgi'r teyrnasoedd. Ac yna fe gerddodd ef a phawb a oedd o grefft tannau ar ei gefn ei hun, a chyrchu tir Iwerddon.

Branwen Ferch Llŷr

Ynys ag Aeliau

... A thawelodd Matholwch
wrth weld y rhith hwn
yn nesáu; aeliau yn hwylio
ar ryw ynys o fryniau,
a'r hen fôr yn ferw
gwyllt ac elltydd
yn dal i ddod. A wêl e ddyn?
Neu a wêl lynnoedd dan goedwigoedd
yn fygythiad agos?
Ni all ddeall yr hyn a ddaw.

Un graig a rwyga'r
lli a'i donnau a deall dyn,
rhwygo ei olwg. Ei reg a welir.
Dall yw i dir dealltwriaeth
wrth i'r ynys hon, ar ruthr, nesáu
o hyd tuag ato. Ac atal
grym y graig,
a'i synau'n ymosod, sy'n amhosib.

Ac nid yw'n graig! Ond un gŵr yw hwn
a'i fyddin ar ei feddwl,
gwŷr ar ei gorun
yn rhengoedd sy'n bloeddio
rhyfelgan Bendigeidfran gawr.

'Ei thylwyth!' bytheiria Matholwch ...

Aneirin Karadog

Dadeni

(detholiad)

Fflam o'r cnawd ulw,
ysu Gwern o'i groen ym mantell y mwg,
ac o gorff llosg mab y llys
            y ffagl
i danwydd y pair dadeni,
            y gwreichion
i eni'r gwres,
            y tân
i gynnau'r gwanwyn yng ngwacter milwyr y gaeaf moel.

O ddyfnder gwelw yr angau gwaed
dychwelent i fyw yr eilwaith:
        y dwylo gwyn o dir y bysedd gwan
        eto'n gryf am garn,
        y cyhyrau llipa o fachlud y llen
        eto'n tynhau dan bwys y tarianau,
        ac esgyrn y bronnau gwastad
        o wyll dianadl yr enaid
        yn llyfn eto gan gnawd i'r llafn.

23

Ond doent o'r niwloedd duon
i wefr newydd y curiad dan y croen
 a dawns eu tafodau'n ddifiwsig,
 eu llafar o hyd yng ngafael
 mud y myned
 o haul einioes i'r glyn hir,
 y llais bellach yn llonydd,
ac ym mraw y distawrwydd – atsain clindarddach
y metel ar gerrig y tir gwyrdd;
doent o wyrth eu dadeni
 i'r lladd berw'n ddibarabl,
y gwŷr mud a diymadrodd
 yn ddi-iaith i artaith hir
y clwyfau ym mynwes y claf a brad erch y brodyr.

***

A ninnau – y cyrff oer yn cerdded
yn hafnau mwsoglyd y bryniau;
yn safn ein hysgerbydau – y cortyn tafod
yn gwanhau'n
 edefyn, bregus fel nodwyddau rhew y dŵr,
y llais hylif yn ymbellhau
i'r niwl ym mynwent y gwynt,
 a geiriau'r hen enwau'n dihoeni
yn nannedd y sillafau newydd.

***

Mae gwres y pair
yn ein gwaed oer yn gynnes,
ac o gyffro llosg yr ymysgwyd
naid y fflam yn farc ar ein talcennau,
     yn dafod tân,
huwadl fel cystrawennau'r Ysbryd yn nhrydedd awr y dydd.

Yn gelanedd yr anadl llonydd,
yn filwyr y delwau gwêr,
     fe'n genir eto
     yng ngwyrth eirias y groth o grochan,
     yn wŷr i ymladd o'r fflamau.
Ond nid yn ddi-iaith y deuwn
o'r dadeni hwn,
nid yn fud o'r pair hudol; .
     ni ddiffydd y tân yng ngwreiddyn y tafod.

Dafydd Rowlands

25

Llais Efnisien

(o 'Branwen')

Pa werth sy' i ddyn
os nad yw'n ddigon dewr
i ddial gwarth?

Pa les bod o'r un gwaed
os nad yw'r dafnau yn cymysgu'n
ffrwd i dywallt gwaed y gelyn?

O ddagrau plu'r ddrudwen
tyfodd llifeiriant a oedd yn lletach na'r Lli
ac yn gryfach na'r Archan.

Ym mhob cwdyn teimlwn y brad
fel cnawd yn fy nwylo
a'r sarhad fel blawd
rhwng fy mysedd,
yn feddal fel angau
ac mor frau ag anadl.

Yn y gwasgu roedd
gorfoledd, yn y pwyso
roedd buddugoliaeth,
yn y gwingo roedd ildio, a'r anadl olaf
yn sibrwd, 'Maddau i mi,
canys ni wyddwn ... ni faliwn
am deimladau'r ferch.'

Rhaid yw difa ffrwyth
ein gwarth a'n dofi ni,
epil ein darostyngiad,
ac aer yr uno anghymarus.

Rhaid cadw fflam cariad
i buro gwaed a chenhedlu gwŷr.
Am hynny, taflaf Gwern i'r tân.

Cen Williams

27

Ynys

(detholiad)

Ac yna y parodd Bendigeidfran dorri ei ben ...

Wylodd yr arwr ddagrau olew
Nes bod y tonnau'n blino'n lân
Ar geisio codi dan eu pwysau'u hunain
Ac, yn hytrach na thorri, lled ochneidio,
Ffrwtian fel cawl ar odre'r tywod.

O'r dyfroedd seimllyd ymgreiniodd sarff
Ar draws y creigiau a gosod ei safn
Wrth glust Bendigeidfran a hisian:

'Rwyt ti'n ffŵl. Rwyt ti'n ffrîc. Rwyt ti'n ffwtbol.
'Chofith neb fyth i ti hyd yn oed fyw.
Arweiniaist dy liaws i ddistryw.

Rwyt ti'n ddim. Rwyt ti'n waeth – rhyw gartŵn
O berson. Rwyt ti'n falŵn o
Falchder. Rwyt ti'n ffuglen.'

'Mae'n wir,' medd y pen, 'ond ar yr un pryd
Fi yw gobaith y cyfan. Mae rhywbeth yn newid.'

Gwyneth Lewis

'O Fab Duw,' meddai hi, 'gwae fi fy ngenedigaeth. Dwy ynys dda a ddiffeithiwyd o'm hachos i.' A rhoddodd ochenaid fawr, a thorri ei chalon ar hynny. Gwnaed bedd petryal iddi, a'i chladdu yno yng nglan Alaw.

Branwen Ferch Llŷr

Branwen

Un noson rhwng ynysoedd,
rhwyfodd hon trwy donnau
ei dagrau, a'r deigryn
hallt holltodd
eto ac eto, ac mae un atom
yn wall yn fy nghelloedd.
Gwalla wna i mi golli
cwsg, a phob dyn yn cysgu.
Yno'n nam, ac o'i herwydd dwi'n amau
yn dal, mai o'm plegid i ...

Sian Northey

Aderyn

Goruwch ein byd o grechwen – aderyn
Diwyro yr awen
Hyd erwau llwyd arwyr llên
A ranna ofid Branwen.

Tîm Crannog

Y Llais

(o 'Branwen')

Heno, rhwng Pont yr Arw
a'r môr, mae Branwen
yn grwm gan gof
ac yn ddauddyblyg
gan faich gofidiau newydd,
epil ei gobeithion
sy'n llanast o erthyl
a'r brych yn staenio'i boch.

Unig yw yn awr ei thymp
yn mwmial hen eiriau coll
sydd mor ddieithr â'r Chwedlau;
hithau'n rhy llesg i wylo,
mae'n syllu â llygaid marwor
ar ddagrau'r gwlith yn ysu'r brwyn
a gwrando griddfan gwynt
yn oerni'r gwyll.

Cen Williams

Afon Alaw

Fi oedd Branwen
ar hyd y blynyddoedd
yn fy mhen,
yn ferch fach,
yn wraig,
yn fam ...
Ac es i sawl gwaith
yn fy mhen
at afon liwgar
ei marw hi
a'i dychmygu'n llawn lluniau.

A heddiw
es i yno, i'r union le,
yr union le,
a gweld dim ond dŵr.

Ond yna,
dan yr un haul
fu fan hyn erioed,
llais fy merch
yn dweud y stori,
ei fersiwn hi,
fel aderyn
ar flaen fy mys.

Mari George

Bedd Branwen

A'r cennin Pedr yn crebachu
ar gyrion pentrefi, cylchfannau a thraffyrdd,
down ninnau fel blodau'r ddraenen ddu
i lygadu'r byd o'r newydd.

Awn
ar y trên i Lundain
a chyrchu'r Tŵr a'r Tŷ a Madame Tussauds.
Awn
a hedfan i Ferlin i stydio'r Wal a'r Giât a Checkpoint Charlie.
Awn
a dod oddi yno'n teimlo'n well
a'n gorwelion yn lledu'n bell
dros gefnfor ddoe.

Ond yma,
ar lan afon Alaw,
does dim enw ar lechen las,
dim einioes wedi'i lapio mewn englyn,
dim llun ac olion chwedl wedi'i gadw
dan wydr,
dim hyd yn oed arwyddbost.
Dim byd ond seren ar fap OS
a darn o garreg ar gornel cae.

Anghofiwn
a'i gadael hi a'i hiraeth
mewn mawnog a chors a thocyn brwyn.

Marged Tudur

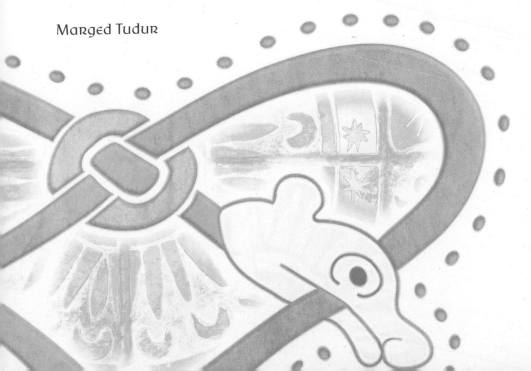

Ac yna fe gymerasant hwy
flodau'r deri a blodau'r
banadl a blodau'r erwain, ac
o'r rhai hynny swyno'r forwyn decaf
un a'r harddaf a welodd dyn erioed.
A'i bedyddio a wnaethant yn ôl y
bedydd a arferid y pryd hwnnw,
a rhoi Blodeuwedd yn enw arni.

Math fab Mathonwy

Blodeuwedd

Cordeddwyd dau yn rhwyd dy nwydau noeth
a'th lesmair yn parlysu'r cnawd a'r mêr.
Ni welsant hwy y madredd yn y moeth,
y gwewyr yn y gwin, y parlys pêr.

A'th isel sisial megis tincial ton
a'th drachwant dreng fel llanw meddw, mud,
bu'r naill, wrth ddrachtio chwerwedd grawn dy fron,
yn datgan dull ei ladd â'r bicell hud.

Yn feddw ar rawnsypiau sur dy serch
bu'r llall yn bwrw Lleu oddi ar gefn y bwch,
yntau, ar gopa'r brig yn bydredd erch,
yn rhith yr eryr hollt yn porthi'r hwch.

Ond bwriwyd Gronw yntau drwy'r llech maen,
a'th einioes di, o'th nwydau poeth, yn staen.

Alan Llwyd

Tylluan

Unig wyt, unig eto,
Enaid tir yn cylchu'r to,
Yn dodwy mewn alltudiaeth
Wyau dy waeau, a daeth
I wrach a dyn dy sgrech di
Yn rheswm i ymgroesi.

A arogli di ar dy daith
Y dail a'r blodau eilwaith?
Yn y lloer a weli'r llw
A rennaist gyda'th Ronw?
Cof yw'r seintwar sy'n aros
Pan fo'r gwŷdd dan orchudd nos.

Ynot ti y mae gwlad hen
Hefyd yng ngwyll ffurfafen
Y gwacter ar ddisberod,
Heb un wawr a heb un nod;
Dau hwdwch, un cnawd ydym,
A dau o un dynged ŷm.

Robat Powell

Araith Gronw Pebr

(o'r ddrama *Blodeuwedd*)

'Fedra' i ddim dianc rhagot ond trwy farw,
Mae gwenwyn dy gusanau yn fy ngwaed.
I beth y bydda' i byw? I brofi am oes
A brofais eisoes, y syrffed sy' yn y cnawd
A'r gwae a'r gwarth o ganwaith ofer syrffedu?
Bedd heb yfory yw dy serch; ni chwardd
Baban ar dy fynwes; nid oes grud yn dy gaer;
Ond yn y nos bu sŵn adyn o'i go'
Yn udo ar fronnau cryfion yn y tywyll,
Brathu budreddi a chrechwen gwdihŵ.
Collais i lwybrau dynol i ddilyn ffagl
A phibau hud y gors, a suddais ynddi,
Cofleidio seren, ystlum ar fy min;
Heddiw daeth bollt i'm taro a deffrois;
Mi welaf Benllyn, gwelaf fy mebyd yno,
A'm gweld i'n awr, och ffiaidd, a'th dremio dithau –
Gwell gennyf i na'th gusan gleddyf dy ŵr.

Saunders Lewis

Y Nos yng Nghaer Arianrhod

Mae'r tâp wedi troi ei olaf dro,
Mae'r ddesg wedi cau, mae'r drws ar glo,
Daeth taw ar y sŵn ac ar y gân.
Mae pawb wedi blino'n lân.

Cytgan
Mae'r nos yng Nghaer Arianrhod
Yn ddechrau dydd, mae'n ddiwrnod hir,
Ond 'dyw'r nos yng Nghaer Arianrhod
Ddim yn hir efo ti.

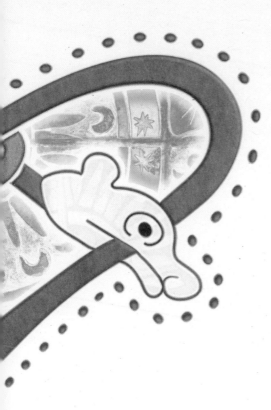

Daeth gwawr i roi terfyn ar ein dydd,
Mae'r bysedd yn wan a'r llais yn gryg,
Mae'r llygaid yn goch a'r cefnau'n grwm
A'r awen yn cysgu'n drwm.

Weithiau, mae'r hwyliau'n wael,
Weithiau, mae'r straen yn ormod,
Ond buan daw haul ar fryn
I ddod 'nôl â'r amser da.

Caryl Parry Jones

Seithennin, saf di allan
Ac edrycha di ar gynddaredd y môr;
Maes Gwyddno a orchuddiwyd.

Boed felltigedig y forwyn
A'i gollyngodd, ar ôl gwledd,
Ffynnon ffrydiol y môr ffyrnig.

Gwaedd Mererid oddi ar
uchelfan caer heddiw,
Hyd at Dduw y mae ei hymbil:
Arferol, ar ôl traha, ydyw edifeirwch.

Boddi Maes Gwyddno

Araith Seithenyn

Rhued eigion aflonydd heb lesgáu,
Ac ar y dorau cured y Werydd;
   Ca forfur a'i cyferfydd heb wyro;
Na syfl er curo: nid sofl yw'r ceyrydd.

   Y gadwyn dal gydia'n dynn
   A diarbed i'w erbyn.
   A'i main teg yma o'n tu,
   Ba raid awr o bryderu?
   Nid ofnaf er gwaethaf gwynt,
   Er llanw a gorllewinwynt,
   Ond uwch hyrddwynt y chwarddaf,
   Uwch y llanw erch llawenhaf.

Parod y muriau, poered y moroedd
Eu trochion ofer i entrych nefoedd;
Digryn a difraw, uwch utgorn dyfroedd,
Y trawstiau disigl trwy ystod oesoedd;
   Ac er anterth corwyntoedd hwy fyddan'
Arhosol darian yr isel-diroedd.

R. Williams Parry

43

Mererid

Ton arall yw tyneru yn yr haf
a'r hin yn cynhesu,
ton o wacter yn fferru
a'i llyfnder o'r dyfnder du.

Iâ yn dadmer, Mererid, yw dy lais.
Dy lais sydd yn erlid
geiriau dan donnau di-hid
a darnio pob cadernid.

Mae traethell lle bu'r gelli, cyll a broc
lle bu'r ŷd yn tonni,
hen waliau'n sarnau, a si
o'r ŵyl dan glychau'r heli.

Bob yn air, bob yn erw y trowyd
y trai yn wŷr meddw,
a'r nos dros eu gwyliwr nhw'n
llunio llên yn y llanw.

Mererid, y mae'r erwau dan y don
yn dannod dy eiriau,
a nwyon yn troi'n donnau,
dŵr y byd yn codi'r Bae.

Gan drymed diasbedain cregyn gwyn
y gerdd, mae hen atsain
uwch y môr, yn glychau main,
awyr iach hithau'n sgrechain.

Hywel Griffiths

45

Clychau Cantre'r Gwaelod

O dan y môr a'i donnau
Mae llawer dinas dlos,
Fu'n gwrando ar y clychau
Yn canu gyda'r nos;

Trwy ofer esgeulustod
Y gwyliwr ar y tŵr
Aeth clychau Cantre'r Gwaelod
O'r golwg dan y dŵr.

Pan fyddo'r môr yn berwi,
A'r corwynt ar y don,
A'r wylan wen yn methu
Cael disgyn ar ei bron;

Pan dyr y don ar dywod
A tharan yn ei stŵr,
Mae clychau Cantre'r Gwaelod
Yn ddistaw dan y dŵr.

Ond pan fo'r môr heb awel
A'r don heb ewyn gwyn,
A'r dydd yn marw'n dawel
Ar ysgwydd bell y bryn,

Mae nodau pêr yn dyfod,
A gwn yn eitha siŵr
Fod clychau Cantre'r Gwaelod
I'w clywed dan y dŵr.

O! cenwch, glych fy mebyd,
Ar waelod llaith y lli;
Daw oriau bore bywyd
Yn sŵn y gân i mi.

Hyd fedd mi gofia' 'r tywod
Ar lawer nos ddi-stŵr,
A chlychau Cantre'r Gwaelod
Yn canu dan y dŵr.

J. J. Williams

47

Cantre'r Gwaelod

Obry blodeuai Ebrill,
Ymwelai Mai a'i lu mill;
A dawns y don sidanaidd
A'r hallt fôr, lle tyfai haidd.
Lle bu trydar a chware,
Dŵr a nawf rhwng dae'r a ne'.
Tegwch Natur, fflur a phlant,
Morynion, – yma'r hunant –
Blodau haf heb olau dydd
O dan oer don y Werydd.
Pob ieuanc ar ddifancoll,
A hithau'r gân aeth ar goll.

Pau segur is pwys eigion,
Distaw dud is to y don.
Uwch ei phen mae llen y lli,
A'i ddŵr gwyrdd ar ei gerddi.
Ei hamdo mwy ydyw môr,
A'i ddylif fydd ei helor.

R. Williams Parry

Stafell Gynddylan, ys tywyll heno,
Heb dân, heb wely:
Wylaf dro, tawaf wedyn.

Stafell Gynddylan, ys tywyll heno,
Heb dân, heb ganeuon:
Mae dagrau yn treulio fy ngruddiau.

Canu Heledd

Pengwern

Gwynt o'r dref wen sy'n fy ffenest heno
a briwiau'r gwern ydi'r barrug arno.
Drwy drwch y düwch, ar wydr ac ar do,
saga ein tir sy'n genllysg yn taro.
Ionawr yw hwn ac mae bro golledig
hen bendefig a'i hwyneb yn deifio.

Yna am eiliad, rhwng yr hyrddiadau,
mewn neuadd oeddwn. Mae hi'n hen ddyddiau
ac mae cwrw Tren yn codi i'n pennau.
Mae'r dewr yn ei hwyl. Mae'r derw'n olau
a'r awen drwy'r storïau'n dod â gwlad
yn un i guriad telyn a geiriau.

Wedyn, chwipiad arall y tu allan
ac mae tafodau'n canhwyllau yn wan.
Aeth cleber llawer yn un dylluan
o aeaf llwyd yn y stafell lydan.
Hanes fy nhref fy hunan, pob tref wen
yw cwyn y ddeilen trwy nos Cynddylan.

Dim ond yr eryrod a'u cysgodion
ar wastad daear o drawstiau duon,
dim ond caswir yr hunllefau hirion
yng ngwely unig yr hen englynion,
ond hiraeth y plant dewrion – ddaw â'r gân
i oleuo tân ar yr aelwyd hon.

Myrddin ap Dafydd

Y Dref Wen

Y Dref Wen yn y dyffryn,
Heno heb arf nac offeryn,
Ar wyneb y gwellt gwêl y gwaed
A drodd y pridd yn llaid.

> *Cytgan*
> Ond awn i ailadfer bro,
> Awn i ailgodi'r to,
> Ailoleuwn y tŷ,
> Pwy a saif gyda ni?

Y Dref Wen chwâl ei meini,
Heno'n brudd yn ei hoerni,
Ddaeth 'na neb i holi pam
Mai marw yw'r fflam.

Y Dref Wen wrth y coed,
Hiraeth am gadw oed;
Ciliodd pawb o'r hyfryd fro,
Stafell Cynddylan sydd dan glo.

Tecwyn Ifan

Eryr Eli

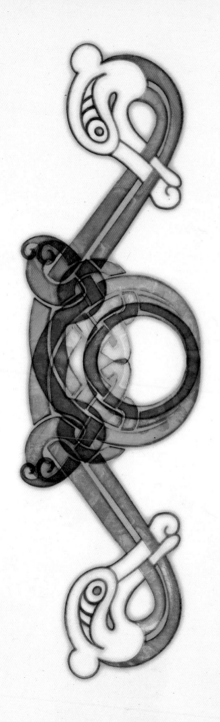

Eryr Eli, uchel ei gri heno.
Yfasai efô ddiod o waed,
Gwaed calon Cynddylan Wynn.

Eryr Eli, galwai o'n uchel heno;
Yng ngwaed gwŷr fe ymdrybaeddai:
Efô yn y coed, hiraeth trwm arnaf fi.

Eryr Eli a glywaf fi heno.
Gwaedlyd ydyw; 'ddyffeiaf fi mohono:
Efô yn y coed, hiraeth trwm arnaf fi.

Eryr Eli, mor drist ydyw, heno,
Ddyffryn canmoladwy Meisir!
O! dir Brochfael, yn hir y cefais dy darfu.

Eryr Eli, gwarchoda y moroedd,
Ni threiddia pysgod i'r aberoedd;
Galwa, gwledda ar waed gwŷr.

Eryr Eli, fe deithia trwy'r coed heno;
Gwledda fo lond ei gylla:
Pwy bynnag a'i maldoda, fe lwydda ei draha.

Anhysbys

Pwy Oedd Chwiorydd Heledd?

Dychmygwch, os gwnewch, yr olygfa:
Pengwern, liw nos. Daw Heledd
o'r cysgodion a llefaru
rhibidires o englynion dolefus at y lloer.

Celwydd yw'r cyfan; does dim yn dawel heno,
wedi nacáu y normal. Mae'r cyfan
mor llyfn â llyn mis Awst i'r llygad.
Ond mae ambell glust yn clywed mwy na'i gilydd;
ust – yn y distawrwydd mae sgerbydau'n sibrwd.

Dim ond y hi sy'n gwrando, gwrando a dal i wrando –
am na all hi edrych heb weld dwylo
difancoll ar y darlun. Heno
mae 'na gytgord yn y caos, heddwch
yng ngherdd aflafar angau.

Diffoddwyd aelwyd gwarineb.
Pa le mae pileri cymdeithas, cynefin a châr?
Heno, gwallgofrwydd sy'n gysefin,
ac mae heno yn tagu'r cof, yn dynn fel draenen.

Dim ond y hi sy'n clywed
llygod llwydion yr amheuon,
yn cnoi wrth gwrlid yr hen sicrwydd,
a phryfed ei phwyll
yn turio yn nerwen y gorffennol.

Ystyriwch abswrdiaeth ei sefyllfa:
proffwydes yn fferru ar y ffin,
yn cwafro ar hyd y canrifoedd rhwng rheswm a rhigwm
yn dywysoges ar domen o atgofion. Dim arall,
Casandrys o Gymraes heb ei chragen mewn dyfodol di-ddyn.

Pwy oedd chwiorydd Heledd
yn plethu porffor pasiant atgof
a düwch dolur?

A pha sawl Heledd
fu'n crwydro lonydd cefn hanes Cymru
a'i chywilydd yn glynu fel gelen wrth ei chydwybod
nes camu tu hwnt i'r ffin
sy'n beryclach na'r llinell ar fap rhwng
Cymro a Sais?

Elin ap Hywel

Melynach oedd ei gwallt na blodau'r banadl.

Gwynnach oedd ei chnawd nag ewyn y don ... Cochach oedd ei dwy rudd na'r ffion. Fe fyddai'r sawl a'i gwelai yn gyflawn o serch tuag ati. Tyfai pedair meillionen wen o'i hôl lle'r âi, ac oherwydd hynny y gelwid hi Olwen.

Culhwch ac Olwen

Olwen

(detholiad o 'Y Twrch Trwyth')

Unlliw â thân oedd ei mantell, a thorch
O aur a meini am wynder ei mwnwgl,
A bwa hwnnw dan wallt liw'r banadl,
Lliw y wennaf feillionen
Ac ewyn ton oedd ei llyfn-gnawd hi,
Ni hwyliodd yr un alarch
Eiliw ei dwyfron ddyli dyfroedd,
Ac ni bu i ehediad lygad mor loyw;
Yr oedd i'w dwyfoch liw'r bysedd cochion,
I'w dwylo wynder clofer y clais,
A tharddai, lle'r elai ar rawd,
Wyrth y rhain yn sathr ei throed,
Âi ei thegwch fel saeth i eigion
Y galon o'i gweled.

A Chulhwch a ddaeth o'r chwilio
A'r daith hir i'r oed â'i thad,
I'w hawlio hi oddi ar ei law.

Tomi Evans

Culhwch a'i Olwen

'Hawdd yw genhyf gaffel hynny, kyd tybyckych na bo hawdd,' – Culhwch.

Yn ôl y chwedl,
aeth Culhwch ar ofyn Arthur Frenin Ynys Prydein
am gymorth i ennill calon Olwen;
dyn ar gefn ei geffyl,
fflachlas mellten ar ei darian,
ei fwyell yn tynnu gwaed o'r gwynt.

Ynys Prydein, cyn bod Prydeindod,
pan roddai Sgilti Sgafndroed
ei hyder ym mrigau ucha'r deri dan ei gamre,
a phan fedrai Clust fab Clustfeiniad glywed,
hanner can milltir o bellter bant,
forgrugyn yn ymbrysuro'n ei fyd ei hunan
heb ymyrryd â phridd neb arall.

***

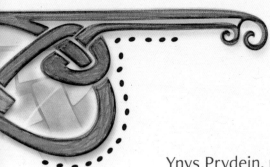

Ynys Prydein, pan deyrnasai Arthur mor gywrain
nes i'w hanes droi'n chwedl,
am Gulhwch yn cael Olwen,
fel gwlad gariadlon o flodau pedair meillionen,
a'i farch yn tasgu i'r awyr
bedair tywarchen â'i garnau,
fel pedwarawd o wenoliaid
yn darogan gwanwyn i'w dirwedd
hunanhyderus.

O dasg i dasg bu'n Gulhwch dewr,
a'i gredo'n herfeiddiol:
'Y mae hyn yn hawdd i mi,
er y tebygi di nad yw'.

Ein tasg ninnau – o gofio
am afon Edw a Thryweryn,
Abaty Sempringham ac Ysgol Aber-fan,
troi eu chwedlau'n hanes.

Jim Parc Nest

Troedio'n Ysgafn

Un o farchogion y Brenin Arthur oedd Sgilti
Sgafndroed, ac yn ôl y chwedl gallai gerdded
ar weiryn heb ei blygu.

Na – fues i ddim yno'n ddigon hir,
a dail y deri'n gryndod yn y gwres,
dim ond picio heibio, deud y gwir,

bu eraill wrthi'n clirio'r goedlan ir,
eu gwylio'n torri, llosgi – dyna wnes.
Na – fues i ddim yno'n ddigon hir.

Fel Sgilti Sganfdroed gynt yn troedio'r sir,
dwi'n camu yn ddidaro trwy y tes,
dim ond picio heibio, deud y gwir.

Rhaid, medden nhw, yw cael y lle yn glir
a gosod byd cymesur, rhes wrth res.
Na – fues i ddim yno'n ddigon hir

i sylwi ar dawelwch maith y tir,
heb siffrwd swyn y dail na chwymp y mes,
dim ond picio heibio, deud y gwir.

Mae olion traed yn drwm, trwy'r diffaith-dir,
ni ddof yn ôl ffordd hyn, ni ddaw dim lles.
Na – fues i ddim yno'n ddigon hir,
dim ond picio heibio, deud y gwir.

Haf Llewelyn

Gwyn ap Nudd

Brenin y Tylwyth Teg

Gwyn ap Nudd, Gwyn ap Nudd,
Lliw y lloer sydd ar dy rudd;
Cerddi'n ddistaw fel y nos
Drwy y pant a thros y rhos;
Heibio i'r grug a'r blodau brith
Ei, heb siglo'r dafnau gwlith:
Gwyddost lle mae'r llyffant melyn
Yn lletya rhwng y rhedyn;
Gwyddost lle daw'r gwenyn dawnus
I grynhoi eu golud melys:
Gweli'r hedydd ar ei nyth
Ond ni sethri'r bargod byth;
Gwyn ap Nudd, Gwyn ap Nudd,
A lliw y lleuad ar dy rudd.

Breuddwyd wyt yn crwydo'r fro,
A'r ffurfafen iti'n do;
Cysgod cwmwl sy' ar dy ben,
Amdanat mae y niwl yn llen.
Teithiwr wyt, pwy ŵyr dy daith?
Beth ond 'smaldod yw dy waith?
Pwy a welodd, Gwyn ap Nudd,
Ddeigryn unwaith ar dy rudd?
Chwerthin, chwerthin yw dy oes di,
O, dywysog pob diredi!

Elfed

Dyma a gredai beirdd Ynys
Prydain a'i chwedlyddion:
dychmygu mai Margan, duwies o
Annwfn a oedd wedi ei guddio yn
Ynys Afallach i'w iacháu o'i glwyfau.
A phan fyddai'r clwyfau hynny yn
iach y byddai'n dychwelyd drachefn
at y Brytaniaid i'w hamddiffyn
fel yr arferai.

Claddedigaeth Arthur

Ymadawiad Arthur

(detholiad)

Draw dros y don mae bro dirion nad ery
Cwyn yn ei thir, ac yno ni thery
Na haint na henaint fyth mo'r rhai hynny
A ddêl i'w phur, rydd awel, a phery
   Pob calon yn hon yn heini a llon –
Ynys Afallon ei hun sy' felly!

Yn y fro ddedwydd mae hen freuddwydion
A fu'n esmwytho ofn oesau meithion;
Byw yno byth mae pob hen obeithion,
Yno mae cynnydd uchel amcanion;
   Ni ddaw fyth i ddeifio hon golli ffydd,
Na thro cywilydd, na thorri calon.

Yno mae tân pob awen a gano,
Grym, hyder, awch pob gŵr a ymdrecho;
Ynni a ddwg i'r neb fyn ddiwygio,
Sylfaen yw byth i'r sawl fyn obeithio;
   Ni heneiddiwn tra'n noddo – mae gwiw foes
Ag anadl einioes y genedl yno!

T. Gwynn Jones

Afallon

Heb ystyr yw trybestod hyn o fyd;
　　plymiaf fôr anwybod
　　a nofio hyd nes dyfod
　　at draethau'r bae nad yw'n bod.

T. Arfon Williams

Draig Wen, Draig Goch

Mae golau'r bore
    yn lledu uwch fy mhen
ond mae'r gaeaf gwelw
    yn nharth y Ddraig Fawr Wen.

Muriau chwâl
    lle bu ei chrafanc ar waith,
carnedd ar fynydd
    lle bu ein hanes a'n hiaith.

Barrug mewn mynwent
    yn brathu enwau ar faen
lle bu chwarel neu lofa
    neu ryfel, ryw oes o'r blaen.

Ei hanadl angau
    ar wyngalch bythynnod oer
ac argae'r chwalfa
    yn cronni llyn o boer.

Mae'n llygadu esgyrn
    y wlad sydd gennym ar ôl,
heb drefn na chyfraith
    na chlust na phiniwn pôl.

Ond gwawr o gochni
    sy'n cynnau yn y glyn
a chynffon o fwg
    sy'n hollti'r bryniau gwyn.

Ein Draig sy'n deffro
    o drymgwsg ein hogofâu
a'i hanthem sy'n atsain:
    'o bydded i'r bore barhau'.

Myrddin ap Dafydd

Ac wedi gorffen y bregeth a'r
offeren, rhoddodd Dewi
ei fendith yn gyffredin i bawb a
oedd yna. Ac wedi iddo orffen rhoi
ei fendith i bawb, dywedodd yr
ymadrodd hwn: 'Arglwyddi, frodyr
a chwiorydd, byddwch lawen,
a chedwch eich ffydd a'ch cred,
a gwnewch y pethau bychain
a glywsoch ac a welsoch gennyf i.'

Buchedd Dewi

Y Pethau Bychain

Mae'n dywydd gwamal, Dewi,
Mae'r byd yn araf boethi,
I ble'r af innau rhag y glaw
Pan ddaw hi'n amser boddi?

Ni wn a fydd yfory
Ai glaw ai hindda'n twnnu,
Ond does dim drwg mewn llenwi myrdd
O fagiau gwyrdd ailgylchu.

Mae'r iaith yn marw, Dewi,
Be' wna' i rhag ei threngi?
Er pob rhyw ddeddf neu ddadl, wir,
Fe gollodd dir eleni.

Mesurau iaith y gwleidydd
Heb sgwrs a chlonc a dderfydd,
Rhaid ei harfer i'w hadfer hi,
Siarada di hi beunydd.

Ond Dewi, mae mor dywyll
Ym myd y gwalch a'r cudyll,
Pa iws rhoi coel ar obaith 'to
Tra bo rhyfeloedd erchyll?

Er dued y gorwelion
Mae haul ar eu hymylon,
Does dim i'w ennill o din-droi
A chnoi ar wae'n ddigalon.

Tra'r tyle, tra'r golomen,
Tra'r genedl a'r genhinen,
Cedwch yn daer o ddydd i ddydd
Eich ffydd, a byddwch lawen.

Eurig Salisbury

Hud yn Nyfed
(Aros Mae)

ger ffynnon Non, Tyddewi, Gŵyl Badrig 2008

Ar ddydd na ŵyr wyrth
mae prinder cyrff
i'w hatgyfodi heddiw
ar y morfa; ni fyn 'run
garreg styfnig syflyd iod
heb sbardun mellt
argoelus; dim sôn am neb
all gynnig gwellhad
llwyr i lygaid dall.

Nid erys bellach ond
rhyw bethau bychain,
rhad diwetydd: cysonder
ocheneidiau'r môr
dan bregeth euraid adar,
a pharablu di-baid
dyfroedd cred am hud
fu gynt yn Nyfed
dan wylied angylion.

Christine James

I Ddewi Sant

(detholiad)

A phan oedd Dewi ar warthaf y llawr
gwastad ... y cyfodes y llawr hwnnw megis
mynydd uchel dan ei draed ...

Mawr fu'r nifer am gerynt
A gad yng Nghwm Brefi gynt:
Saith ugain mil, syth hoywgad,
A saith mil, cynnil y cad,
A ddaeth i'r bregeth ddethol
A wnaeth Dewi Sant yn ôl.
Cyfodes bryn, cof ydoedd,
Dan ei draed, arglwyddwaed oedd ...

Ieuan ap Rhydderch

Drws Gobaith

lle ger Tyddewi

Beth am swper, Bererin?
Trwy wyrth y gair, torth a gwin
– hen wledd pob gwir ryfeddod –
sy' ar y ford, siŵr o fod.
Wnei di aros? Rho d'oriau
i'r rhai ar hast, mae'n hwyrhau,
rho dy wats, a throedia di
ar hyd eiliadau'r oedi.

Mewn sêr pell gwêl yn cellwair
oleuni mân gleiniau Mair,
a chlyw dawel awel hwyr
y dydd, pibydd y pabwyr;
yna, clyw lais y culhau:
sŵn y dail mewn sandalau
heno'n dawnsio'r un hen daith
yw'r sgubo ger Drws Gobaith.

Mererid Hopwood

Dathlu Dydd Gŵyl Dewi Sant

Er mor dynn yw'r wasgod frethyn,
Er mor hen yw sŵn y delyn,
Daw plant i'r ysgol heb gywilydd
I wisgo'r iaith mewn dillad newydd.

Nid yw iaith ein plant yn berffaith
Ond siaradant yn llawn afiaith,
Nid yw hon yn iaith urddasol,
Iaith iard yw hi, iaith plentyn ysgol.

A gwêl y rhain fod cennin Pedr
Yn plygu'n gynnes yn eu cledr
A bod Cymru'n fwy na dillad brethyn,
Hetiau du a sŵn y delyn.

Mari George

Awn i Landdwyn at Ddwynwen
 Â chwyr gerllaw Niwbwrch wen,
  Awn ati a'n gweddi'n gu,
   Awn â thus i nith Iesu,
    Awn i ennill yn union
     Nef o law merch lana' 'm Môn,
      Awn ati ar ein glinie,
       Awn dan nawdd Dwynwen i ne'.

Syr Dafydd Trefor

Baled Ynys Llanddwyn

Ynys lanw yw Ynys Llanddwyn, a sarn yn ei chysylltu â thir mawr Ynys Môn pan fydd y môr ar drai.

Gariadon hen ac ifanc,
   dewch, gwrandwch ar fy nghân
am hanes Santes Dwynwen
   a garai hogyn glân:

yn wir, yr hogyn glanaf
   a welodd neb erioed,
ac aeth efe a Dwynwen
   un dydd am dro i'r coed.

Fe roes ei fraich o'i chwmpas
   a'i thynnu hi i'w gôl,
a cheisiodd ef ei chymryd –
   ond tynnodd hithau 'nôl.

Fe alwodd hi am gymorth:
   daeth angel lawr o'r nef
â diod rew i Maelon,
   i oeri'i chwantau ef.

Mor rhewllyd oedd y ddiod –
  trodd ef yn golofn iâ,
'O! diar,' meddai Dwynwen,
  'Ond dywedais wrtho, "Na!"'

Gweddïodd yn ei gwewyr
  am dri dymuniad gwiw:
yn gyntaf am i Maelon
  gael dadlaith yn ddi-friw;

yn ail, i Dduw fendithio
  cariadon ym mhob man;
yn olaf y câi hithau
  fyw'n dawel, yn y llan,

yn bell o bawb a phopeth
  ond sŵn y môr am byth.
Fe gadd ei thri dymuniad
  eu gwireddu oll yn syth.

Daeth Maelon 'nôl yn heini
  yn ôl y stori hon.
A Dwynwen? Aeth yn lleian
  i Landdwyn dros y don.

Ond beth, dywedwch chithau,
  am ail gais Dwynwen bur
i Dduw fendithio'n fythol
  rai â'u cariad fel y dur?

Wrandawyr annwyl, cofiwch
  nad stori wir yw hon;
yn hanes pob cariadon
  daw'r lleddf ynghyd â'r llon ...

Er cilio draw i Landdwyn
  fu hynt nawddsantes serch,
cynigia ddarlun hefyd
  am gymod mab a merch.

Os bydd i ofid bywyd
  eich gyrru ar wahân –
boed stormydd mawr, treialon,
  neu bethau dibwys, mân –

cofiwch, yn eich cyflwr
  ynysig, crac a chaeth,
bob trai daw cyfle i groesi'r sarn
  a chwrddydd ar y traeth.

Christine James

Galw ar Ddwynwen

(detholiad ac aralleiriad)

Er mwyn holl benyd y byd a'i drymder
a wnaethost yn gyflawn o ras;
er mwyn y defosiwn (ffydd gadarn)
a ddangosaist tra buost byw;
er mwyn y morwyndod hardd
a diweirdeb y cnawd pur rhwym;
er mwyn enaid (os oes rhaid yn awr)
Brychan Yrth â'r breichiau nerthol;
eiriol di er mwyn dy ffydd waedlyd,
anwylyd ddiwair, am roi imi waredigaeth.

Dafydd ap Gwilym

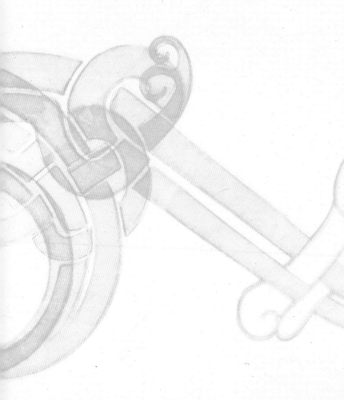

Ar Ddydd Santes Dwynwen

Ym mis yr eira, derbyn blu
Fy serch yn sidan gawod,
Adenydd gwyn, eheda fry
Â'u neges dan fy llofnod,
A phan ddaw'r haul i danio'r tir
Daw saffrwm ar ei union,
A'i faner ambr rof i ti –
Adduned oes fy nghalon.

Menna Elfyn

Ar ddechrau cyfnod Arthur yr
oedd gŵr bonheddig yn byw
ym Mhenllyn a elwir heddiw
yn Tegid Foel ... Ac yn ôl y stori
roedd ganddo wraig, yr hon a elwid
Ceridwen, yr hon, medd yr ysgrifen,
a oedd yn gelfydd a dysgedig yn
y tair celfyddyd, sef hudoliaeth,
swyngyfaredd a dewinyddiaeth.

❦

Hanes Taliesin

Penllyn

Nid oedd yno fôr ond roedd yno ddau lyn,
dau lyn yn ymestyn ymhell
at orwel y tirwedd
ym Mhenllyn, dau lyn chwedlonol:
Llyn Tegid a'r llyn taeogaidd.

Adlewyrchai'r naill lyn
yn ei ddŵr oer lechweddau'r Aran:
creigiau a llechweddau a choed
yn un darlun yn nrych y dŵr,
a'r llyn a'r tirlun ym Mhenllyn yn undod ym mhair
hudol Ceridwen.

Llyn Tegid, llyn Ceridwen,
llyn Ceridwen, llyn y creu;
ein crud oedd llyn Ceridwen,
crud ein llên a'n hawen ni,
y pair a ddarparai'r geiriau
ar gyfer trawsffurfiad y gerdd.
Hwn oedd y llyn lle bu
Gwion Bach yn sugno bys
ac arno'r diferion hud,
a'r ddau yn newid eu ffurfiau, wrth i Gwion ffoi
rhag llid Ceridwen:
ysgyfarnog a helgi,
pysgodyn a dyfrgi,
aderyn a hebog, y gronyn a'r iâr,
a Cheridwen yn geni o'i chroth y bardd Taliesin.

Yn nŵr y llyn arall
a'i ddyfroedd crych, nid oedd yr un drych:
llyn dŵr ond dŵr annaturiol
a adlewyrchai anallu cenedl i warchod
ei hawliau a'i phobl a'i ffin.

Ac yng nghanol y llyn annaturiol, roedd twr,
twr y gwyliwr esgeulus,
y gwyliwr meddw na ragwelai'r modd
y boddid y cwm, na rhybuddio'r
trigolion o'r twr gwylio
fod y dyfroedd yn dod;
twr y gwyliwr uwch Cantre'r Gwaelod,
twr y Seithenyn feddw.

Na, nid oedd môr ym Mhenllyn, ond roedd yno ddau lyn,
dau lyn chwedlonol,
llyn Ceridwen a llyn Seithenyn:
y naill lyn yn perthyn i'n pobl,
yn llyn dechreuad ein llinach,
ond llyn i estroniaid y llall.

Dau lyn – un llyn yn ein lladd,
un llyn o'r ddau lyn yn ddileu,
a'r llyn arall yn eiriau,
Llyn Tegid, llyn awen Ceridwen, a llyn y creu.

Alan Llwyd

84

Pair Ceridwen

Oedaf yn nhir Ceridwen,
daear ag alaw dirgelion rhythmau'r
synhwyrau ynddi'n her.
A oes sawr neu su o eiriau?
Rhyw gân ym murmur gweunydd? ...
Dim ond ffrwtian
yng nghuddfannau'r dychymyg
lle daw hud a chemeg, yn eu tro,
i greu trwyth yn ferw o faeth,
yn rhodd i enaid – barddoniaeth!

Ond, dim arlliw; heddiw rwy'n hesb
a'm gwefus yn sych.
Lluchiaf fy nalen wag,
fy nwylo'n waedd,
yn nâd farus am y diferion cyfareddol.
A throi'n ôl a wnaf
oherwydd eiddo eraill
yw'r gynghanedd heddiw.

Eto, dychwelaf ati –
cur o raid yw Ceridwen –
a'r tro hwn
gwn y daeth fy nhro innau i ganu.

Annes Glynn

Gwrach Cors Fochno

Roedd coel yn ardal y Borth slawer dydd fod gwrach yn byw yng Nghors Fochno.
Pan fyddai anhwylder yn taro'r ardal, y wrach fyddai'n cael y bai. Wfftiwn
y stori bellach, a ninnau'n hollwybodus a di-hid, ond pan ddaw'r gaeaf
a'i niwl dros y ffosydd, mae rhywun yno'n gwylio ...

Mor hawdd ym Mai yw diystyru'r naws
ac wfftio'r hen ymdeimlad yn y gwynt.
Fe redaf am y tonnau – y mae'n haws
troi cefen ar y Figin, dilyn hynt
yr ewyn ewn, a llenwi fy mhrynhawn,
yn fodlon, am un ennyd, gyda'r swyn
sy'n bell o afael oer y lleiniau mawn
a düwch gwreiddiau'r mân frwgaets a'r brwyn.
Yn fy nihidrwydd, chwarddaf am y sôn
a gwadu clywed su a theimlo ias,
a na, ni welais gysgod ger y lôn
wrth fynd am draeth diogel Ynys-las.
Naw wfft i'r coelion gredwyd ers cyn co';
nid ofnaf innau'r hyn sydd rownd y tro.

A hithau'n Dachwedd, gwag yw traethell Mai
lle mynna'r niwl a'r smwclaw chwarae mig
â'r hanner gwyll; mae'r môr yn bell ar drai
a'r gwynt yn chwipio'r twyn, a minnau'n ddig.
Rhyw wag-symera rhwng y bonion du
wna'r ewyn eofn, fel y gwnaeth erioed,
ac atgof pell yw swyn y tonnau hy
a mi'n ddi-nod ymysg sgerbydau'r coed.
Bryd hynny oeda'i chysgod hi yn hir
dros fy modlonrwydd, daw â'i tharth dros fawn
y Borth yn araf, a rhwng môr a thir
mae'i chrechwen fain i'w chlywed ddiwedd pnawn.
A gwn yn iawn mai yno y mae hi
ymysg gwymonach fy nhrahauster i.

Anwen Pierce

Cynnig Bara

ar lan Llyn y Fan Fach

'Cymer flas. Mae wedi ei grasu
yn dyner fel dy wên.'
Â'i hyder yn fawr mewn darn o fara,
ni ddisgwyliodd ei 'na'.
Crystyn oer, cras yw ei dynerwch.

Yna rhoes iddi does da
wedi ei dylino o'i gariad a'i lawenydd.
Ond torrwyd y swyn pan drodd ei thrwyn
a throi am y dŵr.
Plymio dwfn.
Dim byd.
Daeth 'nôl wedi bendithio'n hir
un dafell, un dafell a grym dwyfol
yr oesoedd wedi ei chrasu.
'Chwysais. Ymlafniais. Tostiais i ti.'
Gwenodd. Fe'i bwytaodd
cyn tewi …

Aneirin Karadog

Drych

Ar lan Llyn y Fan Fach
yn syn y saif
ar goll yn nhonnau'r gwyll ym mynwes y mynydd,
a'i unigrwydd yn ddagrau.
Adlewyrchiad yn dal erchwyn
y llun ar wyneb llaes y dŵr a'i ddyfnder du.
Ar ochr rychiog bryniau ei gyndadau, daw'n
aflonydd fel enwau, olau i'w anwylo.
Yn ddiferion fe ddaw y forwyn
ato a'i chusan yn ateb.
Ni all lai na'i chymell hi yn nes yn dduwies i'w addewid,
eilun anwylaf hudol y llyn,
a dal ei llaw.

A chyfoeth uwch ei hafon, gleiniau ei galennig
a gafodd fel yr addawodd hi.
Hwythau a fagodd yn wynebau eu meibion
a'u merched drwch rhyw harddwch fel y ddaear ei hun.
Yntau, dan y golau gwyn yn nyddiau brwyn, cynyddodd ei braidd;
a dal ym mynyddoedd ei dylwyth, werth y ddaear a rhith y dduwies.
Tyfodd ei lwybrau drwy'r caeau a'r coed, a'u dail ynn fel dolenni
yn dal diferion aflonydd ar derfyn dibyn y dydd.
Llifodd i'r caeau llafur winoedd y clogwyni,
a golau oedd ar gaeau gwair a dynion yn ei godi yno.
Roedd y dydd mor llonydd â'r llyn.

Ond ofer yw dyn yn ei dyfiant, ei awch o hyd a dry'n chwant
am fwy a mwy ac yn nhir y mawn, yno daeth yn wenwyn
i gronni ym mhridd ei garennydd.
Mae tanau'r llosgi gwyllt lond y coedwigoedd,
y mwg yn mygu, yn dod â'i ofn yn llygad y dydd.
Yn y tir, pentyrru wna'r eigion o blastigion hanes dyn.
Mae tonnau am y tŷ heno
a dŵr wrth y dorau;
llif mawr yn llyfu muriau.

Nos ddiaros sy'n closio
at y tân cyn i'r tanwydd
o'r golfen orffen a gwres ei gorff
yw'r unig wres i'w gynhesu.
Sylla o hyd â blas llosg
yn ei ffroen ffwr-â-hi, a'i gwsg yn gwasgu.

Y dduwies a'i haddewid yn awr sy'n suro
ar gwr y gwyll, a'r machlud sy'n ei chludo
hi yn ôl i'r llyn oer.
Er iddo ei dilyn a'i dilyn drwy'r dydd
a galw ei henw aflonydd,
anos o hyd yw nesáu.
Fel ei henw diflannodd i'r dŵr a dal
erchwyn yr adlewyrchiad.
Ar y creigiau mae rhychau yr ychain;
olion hirion yr erydr
a wyneb y llyn yn bellennig.

Gwenallt Llwyd Ifan

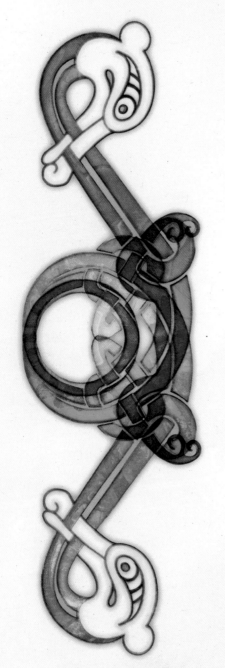

Rhys a Meinir

Roedd hi'n oer y noson honno, gyfaill:
gaeafwynt yn rhuo
yn y coed, a'r glaw'n cydio
yn y Nant â'i ddyrnau o.

Mwydryn yn mynd am adre oeddwn i;
roedd hi'n hwyr, a minne'n
llwyd, mor llwyd â phob lle;
yna, haul, haul o rywle'n

tywynnu. Gostegodd y tonnau'n sydyn
sydyn, yna hithau
heibio'r wal o ewyn brau'n
dod i'r golwg drwy'r golau.

Safodd yn stond; mond sefyll yn dawel
dawel, a'r gwynt candryll
yn tewi, a'r niwl tywyll
rhwng dau fel golau'n y gwyll.

Yna, yn nannedd Ionor a'i luwchwynt,
clywais glychau neithior
drwy'r nos wag; hithau'n agor
yno i mi, fel y môr.

***

Roeddwn i, y noson honno, gyfaill,
yn gyfan; roedd hi yno'n
wyryf, a'r gwin yn puro
pob un dyn o'i wendid o.

Ie, noson gyhyd â'r oesau oedd hi:
roedd oes ar fin dechrau
yn sŵn y ddawns, a ni'n ddau;
Meinir yn un â minnau.

Ac o'r neithior, a'r bore'n farwydos,
fe redodd; roedd godre
ei gwisg yn ysgafn fel gwe
arian, ac am y gore

cuddiodd. Minnau'n cyhoeddi 'mod i'n dod,
ac yn dal i gyfri
'mlaen o hyd; fe deimlwn i
fy eiliadau'n fwledi.

A diflannodd, do, fel hynny, gyfaill,
fel gwyfyn i'r fagddu;
suddo i wâl y nos ddu,
dod fel yna; diflannu.

**

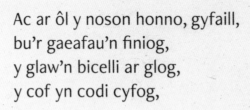

Ac ar ôl y noson honno, gyfaill,
bu'r gaeafau'n finiog,
y glaw'n bicelli ar glog,
y cof yn codi cyfog,

ac fel hunllef, fel defod, awn yn ôl
i'r niwl, a 'nghydwybod
yn ebill, eto'n gwybod
nad oedd, ac nad oedd hi'n dod.

Un noson, â'r storm yn cronni'n y nant,
es yn ôl; fe glywn-i
dwrw'r daran drwy'r deri,
yna, ei hun, gwelwn hi'n

alltud. Yng ngolau'r fellten fe'i gwelwn,
fe'i gwelwn; y ceubren
yn ei dal hi fel deilen,
a rhwng y rhisg ei gwisg wen

a'i phenglog gwag yn agor. Yn y glaw
fe glywn i sŵn neithior;
rhegais: yr oedd hi, rhagor,
yno i mi, fel y môr.

Gruffudd Antur

Canys y Madog hwnnw yn y flwyddyn o oedran Crist 1170, pan oedd ei frodyr yn mwrdro ei gilydd fel bleiddiaid ffyrnig ynghylch eu treftadaeth yng Nghymru, a gymerodd long ac a hwyliodd tua'r gorllewin, heibio i Iwerddon, nes dyfod o'r diwedd i'r deyrnas fawr ac eang honno a elwir yn awr America.

Chwedl Madog ab Owain Gwynedd

Llongau Madog

Wele'n cychwyn dair ar ddeg
O longau bach ar fore teg;
Wele Madog ddewr ei fron
Yn gapten ar y llynges hon.
Mynd y mae i roi ei droed
Ar le na welodd dyn erioed;
Antur enbyd ydyw hon
Ond Duw a'i deil o don i don.

Sêr y nos a haul y dydd
O gwmpas oll yn gwmpawd sydd;
Codai corwynt yn y de
A chodai'r tonnau hyd y ne';
Aeth y llongau ar eu hynt,
I grwydro'r môr ym mraich y gwynt;
Dodwyd hwy ar dramor draeth
I fyw a bod er gwell, er gwaeth.

Wele'n glanio dair ar ddeg
O longau bach ar fore teg;
Llais y morwyr glywn yn glir,
'Rôl blwydd o daith yn bloeddio 'Tir!'
Canant newydd gân ynghyd
Ar newydd draeth y newydd fyd, –
Wele heddwch i bob dyn
A phawb yn frenin arno'i hun.

Ceiriog

97

Twm Siôn Cati

Hen sôn fu'r hanes unwaith; hen gelwydd
    aeth yn goel yr eilwaith;
  ac yna'i hadrodd ganwaith
  nes drwy'n ffydd aeth stori'n ffaith.

Ceri Wyn Jones

Cilmeri

Fin nos, fan hyn
Lladdwyd Llywelyn.
Fyth nid anghofiaf hyn.

Y nant a welaf fan hyn
A welodd Llywelyn.
Camodd ar y cerrig hyn.

Fin nos, fan hyn
O'r golwg nesâi'r gelyn.
Fe wnaed y cyfan fan hyn.

Rwyf fi'n awr fan hyn
Lle bu'i wallt ar welltyn,
A dafnau o'i waed fan hyn.

Fan hyn yw ein cof ni,
Fan hyn sy'n anadl inni,
Fan hyn gynnau fu'n geni.

Gerallt Lloyd Owen

Tân Llywelyn

Mae isel dân Llywelyn
Yn para yng Ngwalia 'nghyn,
Grymusodd rhag gormeswr
Ei olau'n dân yng Nglyndŵr,
A'i farwor a adferwyd
Yn gannwyll llosg Morgan Llwyd.

Penyberth yn goelcerthi
A'i wres yng nghalonnau'r Tri,
A'i olau ar ruddiau rhwth
Wynebau gwŷr Carnabwth
Wrth gynnau porth y gynnen
Hyd ei sail yn Efail-wen.

Megis ar ros yn mygu,
Mae'n dwym dan y mannau du,
Er marw bron gwreichionen,
Awel Mawrth a'i try'n fflam wen
Fan arall a dyr allan –
Mae'n anodd diffodd ei dân.

Dic Jones

Cydnabyddiaethau

Rhyddiaith

'Buchedd Dewi': *The Welsh Life of St. David*, gol. D. Simon Evans (Caerdydd, 1988), t. 13;
Gwefan Rhyddiaith Gymraeg 1300–1425 (www.rhyddiaithganoloesol.caerdydd.ac.uk)
a gwefan Seintiau Cymru (www.seintiaucymru.ac.uk): llawysgrif Coleg yr Iesu 119
(ff. 102v). Aralleiriad gan Jenny Day.
'Claddedigaeth Arthur': Gwefan Rhyddiaith Gymraeg 1300–1425
(www.rhyddiaithganoloesol.caerdydd.ac.uk), llawysgrif Llansteffan 4 (ff. 2v–3r).
Aralleiriad gan Alaw Mai Edwards.
'Chwedl Madog ab Owain Gwynedd': *Drych y Prif Oesoedd: Theophilus Evans*, gol.
Samuel L. Evans (Bangor, 1902), t. 19. Aralleiriad gan Alaw Mai Edwards.
'Hanes Taliesin': *Ystoria Taliesin, Cronicl Elis Gruffydd*, gol. Patrick K. Ford
(Caerdydd, 1992), t. 65; llawysgrif Llyfrgell Genedlaethol Cymru 5276D. Aralleiriad
gan Alaw Mai Edwards.
'Pwyll Pendefig Dyfed', 'Branwen ferch Llŷr', 'Math fab Mathonwy',
'Culhwch ac Olwen': *Y Mabinogion*, diweddariad gan Dafydd a Rhiannon Ifans
(Gwasg Gomer, 1995), t. 1, tt. 30–1, t. 36, t. 55, t. 66, t. 103.

Barddoniaeth

'Araith Gronw Pebr': *Blodeuwedd*, Saunders Lewis (Gwasg Gee, 2009), t. 91.
'Araith Seithenyn', 'Cantre'r Gwaelod': *Yr Haf a Cherddi Eraill*, R. Williams Parry
(Gwasg Y Bala, 1956), t. 39, t. 41.
'Blodeuwedd': *Cerddi Alan Llwyd: Y Casgliad Cyflawn Cyntaf*, Alan Llwyd
(Cyhoeddiadau Barddas, 1990), t. 34.

'Boddi Maes Gwyddno' (detholiad), 'Stafell Gynddylan' (detholiad), 'Eryr Eli':
Hen Englynion, golygiad ac aralleiaid gan Gwyn Thomas (Cyhoeddiadau Barddas, 2015),
tt. 143-4, t. 111, tt. 145-6.

'Branwen': *Trwy Ddyddiau Gwydr*, Sian Northey (Gwasg Carreg Gwalch, 2013), t. 37.

'Cilmeri': *Cerddi'r Cywilydd*, Gerallt Lloyd Owen (Gwasg Gwynedd, 2006), t. 23.

'Cwm Cuch': *Dan Ddylanwad*, Iwan Llwyd (Gwasg Taf, 1997), t. 111.

'Chwedl', 'Tylluan': *Pigion y Talwrn 5*, gol. Gerallt Lloyd Owen (Gwasg Gwynedd, 1990),
t. 15, t. 111.

'Drws Gobaith': *Nes Draw*, Mererid Hopwood (Gwasg Gomer, 2015), t. 59.

'Galw ar Ddwynwen' (detholiad): Gwefan Dafydd ap Gwilym,
www.dafyddapgwilym.net, cerdd 48. Golygiad ac aralleiriad: Huw Meirion Edwards.

'Gwed Stori'r Adar Majic!': *Stafell fy Haul*, Manon Rhys (Cyhoeddiadau Barddas, 2018),
t. 50.

'Gwyn ap Nudd': *Y Flodeugerdd Delynegion*, gol. Gwynn ap Gwilym (Gwasg Christopher
Davies, 1979), t. 54.

'Hud yn Nyfed (Aros Mae)': *Rhwng y Llinellau*, Christine James (Cyhoeddiadau Barddas,
2013), t. 80.

'I Ddewi Sant' (detholiad): *Gwaith Ieuan ap Rhydderch*, gol. R. Iestyn Daniel
(Aberystwyth, 2003), t. 96.

'I Ddwynwen' (detholiad): *Gwaith Syr Dafydd Trefor*, gol. Rhiannon Ifans (Aberystwyth,
2005), tt. 67-8.

'Mabinogi': *Blodeugerdd o Farddoniaeth Gymraeg yr Ugeinfed Ganrif*,
gol. Gwynn ap Gwilym ac Alan Llwyd (Gwasg Gomer/Cyhoeddiadau Barddas,
Pedwerydd Argraffiad, 2010), t. 542.

'Mererid': *Llif Coch Awst*, Hywel Griffiths (Cyhoeddiadau Barddas, 2017), t. 16.

'Pengwern': *Pentre Du, Pentre Gwyn*, Myrddin ap Dafydd (Gwasg Carreg Gwalch, 2019),
t. 36.

'Penllyn': *Cyrraedd a Cherddi Eraill*, Alan Llwyd (Cyhoeddiadau Barddas, 2018), tt. 65-6.

'Tân Llywelyn': *Cerddi Dic yr Hendre*, gol. Ceri Wyn Jones (Gwasg Gomer, 2010), t. 202.

'Y Dref Wen': *Y Dref Wen*, Tecwyn Ifan (Recordiau Sain, 1977).

'Y Mabinogi': *Hel Hadau Gwawn*, Annes Glynn (Cyhoeddiadau Barddas, 2017), 50.

'Y Nos yng Nghaer Arianrhod': *Goreuon Caryl*, Caryl Parry Jones (Recordiau Sain, 2006).

'Y Pethau Bychain': *Llyfr Gwyrdd Ystwyth*, Eurig Salisbury (Cyhoeddiadau Barddas, 2020), tt. 16–17.

'Ymadawiad Arthur' (detholiad): *Caniadau*, T. Gwyn Jones (Wrecsam, 1934), t. 33.

'Ynys ag Aeliau', 'Cynnig Bara': *Llafargan*, Aneirin Karadog (Cyhoeddiadau Barddas, 2019), t. 69, t. 100.

Ymddangosodd rhai cerddi hefyd yn *Cyfansoddiadau a Beirniadaethau yr Eisteddfod Genedlaethol*: 1970, 1972, 1997, 2003 a 2012; yn *Barddas*, *Y Traethodydd* a *Taliesin* a hefyd fel rhan o brosiect Bardd y Mis, BBC Radio Cymru.

Darluniadau

Seiliwyd darluniadau'r gyfrol hon ar ddwy ffynhonnell ganoloesol. Mae'r patrymau plethwaith wedi eu haddasu o addurniadau ymylol o lawysgrif a adnabyddir fel Sallwyr Rhigyfarch. Lluniwyd y llawysgrif hon yn y sgriptoriwm yn Llanbadarn Fawr ar ddiwedd yr unfed ganrif ar ddeg. Roedd yr arlunydd, Ieuan ap Sulien, yn fab i'r enwog Sulien o Lanbadarn. Yn ogystal â bod yn esgob Tyddewi ddwywaith, roedd Sulien hefyd yn ysgolhaig a oedd wedi teithio'n eang iawn, a dengys y darluniau hoffter yr arlunydd o luniau anifeiliaid. Mab arall i Sulien, Rhigyfarch, wnaeth ysgrifennu'r fersiwn Lladin cynharaf o Fuchedd Dewi Sant tua'r un adeg. Mae'r delweddau eraill a osodwyd fel haenau dros y darluniadau yn tarddu o deiliau canoloesol o Eglwys Gadeiriol Tyddewi a luniwyd tua 1500.

Darllen Pellach

Cyfres Chwedlau Chwim, Meinir Wyn Edwards (Y Lolfa, 2007–2010).

Chwedlau'r Brenin Arthur, Rhiannon Ifans (Y Lolfa, 1990).

Deg Chwedl o Gymru, Meinir Wyn Edwards (Y Lolfa, 2016).

Dewi Sant, Rhiannon Ifans (Y Lolfa, 2004).

Gwion a'r Wrach (Cyfres Chwedlau o Gymru), Tegwyn Jones (Gwasg Gomer, 1996).

Hen Englynion, Gwyn Thomas (Cyhoeddiadau Barddas, 2015).

Hwyl Gŵyl: Dathlu Tywysogion Cymru, Elin Meek (Gwasg Carreg Gwalch, 2009).

Lleuad yn Olau, T. Llew Jones (Gwasg Gomer, Argraffiad Newydd, 2014).

Morwyn Llyn y Fan (Cyfres Chwedlau o Gymru), Gwenno Hughes (Gwasg Gomer, 2002).

Pedair Cainc y Mabinogi, Siân Lewis (Rily, 2017).

Stori Branwen (Cyfres Chwedlau o Gymru), Tegwyn Jones (Gwasg Gomer, 2003).

Stori Cymru: Hanesion a Baledi, Myrddin ap Dafydd (Gwasg Carreg Gwalch, 2014).

Stori'r Brenin Arthur, Siân Lewis (Rily, 2017).

The Mabinogion, Sioned Davies (Gwasg Prifysgol Rhydychen, 2008).

Trysorfa Chwedlau Cymru, Tudur Dylan Jones (Gwasg Gomer, 2013).

Trysorfa T. Llew Jones, T. Llew Jones (Gwasg Gomer, 2015).

Y Brenin Arthur, Gwyn Thomas (Y Lolfa, 2006).

Y Mabinogi, Gwyn Thomas (Y Lolfa, 2015).

Yn ôl i'r Dref Wen, Myrddin ap Dafydd (Cyhoeddiadau Barddas, 2015).